JOCHEM SCHÄFER

AF239917

AUS PERSÖNLICHER SICHT:

DAS DAVID-SINNBILD
BEIM WIDERSTAND GEGEN HITLER
UND BEIM FALL
DER BERLINER MAUER

GOETHE UND DER DEUTSCHE NATIONALFEIERTAG

2012

Abbildung auf der vorderen Umschlagseite:
Der Autor auf dem Mosesberg
auf der Halbinsel Sinai

Bibliografische Information der Deutschen Nationalbibliothek:
Die Deutsche Nationalbibliothek verzeichnet diese Publikation
in der Deutschen Nationalbibliografie; detaillierte bibliografische Daten sind im Internet über http://dnb.d-nb.de abrufbar.
ISBN 978-3-8482-2884-3

Nichts ist eines Kulturvolkes unwürdiger, als sich ohne Widerstand von einer verantwortungslosen und dunklen Trieben ergebenen Herrscherclique „regieren" zu lassen.

Hans Scholl und Alexander Schmorell
Flugblatt Nr. 1 der
Widerstandsbewegung „Weiße Rose"
(Juni 1942)

5

Inhalt

1. Goethes erste italienische Reise und der Tag der deutschen Einheit

Auf Einladung von Papst Johannes Paul II. fand am 27. Oktober 1986 in der Grabeskirche des hlg. Franziskus in der italienischen Stadt Assisi das erste Weltgebetstreffen für den Frieden statt. Der Imam Inamullah Khan, der Dalai Lama, der Oberrabbiner Elio Toaff und Vertreter des Hinduismus und anderer Glaubensrichtungen gedachten zusammen mit dem Papst in inniger Passion der mit dem Schöpfungsvorgang verbundenen gemeinsamen theologischen Wurzeln.

Genau 200 Jahre vorher befand sich Johann Wolfgang von Goethe auf seiner ersten Reise nach Italien und auf dem Weg nach Rom. Kurzaufenthalte mit der Besichtigung von historischen Bauwerken, Kunstwerken und der reizvollen Landschaft hatte er u.a. bereits in Verona, Padua, Venedig, Ferrara, Bologna und Perugia eingelegt, als er am 26. Oktober 1786 Assisi erreichte. Die Stadt in Umbrien, in der neben dem hlg. Franziskus auch die hlg. Klara ihre letzte Ruhe fand, war in jener Zeit bereits ein bedeutender Wallfahrtsort. Goethe störte sich an den „ungeheuren Substruktionen der babylonisch übereinander getürmten" Stützmauern der Kirche San Francesco und ließ diese, das Franziskanerkloster und andere Kirchenbauten außer Acht.[1] Er widmete sich aber mit Begeisterung der Besichtigung des antiken Tempels Maria della Minerva, dessen Giebelfront heute die Vorhalle der Kirche Santa Maria sopra Minerva bildet. Am nächsten Tag, dem 27. Oktober, schloss sich ein Priester dem Dichter an. Goethe geriet zwei Tagesreisen von Rom entfernt ins Sinnen: „Dem Mittelpunkt des Katholizismus mich nähernd, von Katholiken umgeben, mit einem Priester in eine Sedie eingesperrt, indem ich mit reinstem Sinn die wahrhafte Natur und die edle Kunst zu beobachten und aufzufassen trachte, trat mir so lebhaft vor die Seele, daß vom ursprünglichen Christentum alle Spur verloschen ist, ja wenn ich

---

[1] Vgl. Johann Wolfgang Goethe (1992), S. 133.

mir es in seiner Reinheit vergegenwärtige, so wie wir es in der Apostelgeschichte sehen, so mußte mir schaudern, was nun auf jenen gemütlichen Anfängen ein unförmliches, ja barockes Heidentum lastet. Da fiel mir der ewige Jude wieder ein, der Zeuge aller dieser wundersamen Ent- und Aufwicklungen gewesen, und so einen wunderlichen Zustand erlebte, daß Christus selbst, als er zurückkommt, um sich nach den Früchten seiner Lehre umzusehen, in Gefahr gerät zum zweitenmal gekreuzigt zu werden."[2]

Er dachte dabei offensichtlich an die Legende über den Juden Ahasver, den ewigen Juden, der Jesus bei seinem Kreuzigungsgang verhöhnte und deshalb bis zu dessen prophezeiter Wiederkunft zum jüngsten Tag durch Welt und Jahrhunderte wandern muss. Goethe beabsichtigte, sein fragmentär vorliegendes diesbezügliches Gedicht aufgrund seiner Reiseeindrücke wieder aufzunehmen.[3]

Im Jahr des Weltgebetstreffens fand in der Bundesrepublik der zehntätige 26. Hessentag in der städtebaulich sehr attraktiven Kleinstadt Herborn an der Dill, der Heimatstadt des Autors, statt und spannte im 200. Todesgedenkjahr an den Preußenkönig Friedrich II. eine Friedens- und Versöhnungsbrücke zur DDR, die das gemeinsame kulturelle und freiheitliche Geschichtserbe der beiden Teile Deutschlands, einschließlich einmütiger Widerstandsaktivitäten während des Dritten Reichs, besonders verband und würdigte.

Der Tag der deutschen Einheit, der 3. Oktober, ist auch der evangelische Gedenktag an Franziskus von Assisi. Er steht in engem Zusammenhang zu den vorstehenden Ausführungen, die offenbar bereits vor einhundert Jahren bei der Gründung der heutigen Nationalbibliothek durch das Königreich Sachsen, die

---

[2] Johann Wolfgang Goethe (1992), S. 142.
[3] Vgl. Gero von Wilpert (1998), S. 293.

Stadt Leipzig und den Börsenverein der Deutschen Buchhändler am 3. Oktober 1912 Berücksichtigung fanden. Eine Assoziation mit der auf dem Kapitol verehrten alten römischen Göttin Minerva, die später mit Athene, der Beschützerin von Weisheit, Dichtung, Kunst und taktischer Kriegsführung gleichgesetzt wurde, dürfte hierbei ausschlaggebend gewesen sein. Bei dieser Kausalität ist auch auf eine Tochtergesellschaft der Max-Planck-Gesellschaft, die Minerva-Stiftung, zu verweisen, die seit nahezu 50 Jahren die deutsch-israelische Wissenschaftskooperation mit zahlreichen gemeinsamen Aktivitäten fördert. Die ersten Absprachen zwischen der Max-Planck-Gesellschaft und dem israelischen Weizmann-Institut wurden 1963 getroffen.[4] Aus diesem Jahr vom 3. Oktober stammt auch das Testament der Eltern des Autors, Otto und Martha Schäfer, geb. Pech. Seit einigen Jahren werden auch die Moscheen in Deutschland am 3.Oktober, dem deutschen Nationalfeiertag, für die Bevölkerung geöffnet. Der diesjährige Tag der offenen Moschee stand unter dem Motto „Islamische Kunst und Kultur" und ordnete sich nachdrücklich ein in das demokratische Versöhnungswerk der deutschen Einheit.

Vor diesem Hintergrund werden im Folgenden einige grundlegende Geschichtsereignisse des 20. Jahrhunderts aus persönlicher Sicht dargestellt.

---

[4]   Vgl. Minerva Stiftung Gesellschaft für die Forschung m.b.H. (o.J.).

2. Friedensethik, Weltkriegsgeschehen und Widerstand gegen den Nationalsozialismus

Der gottesfürchtige 28. Präsident der USA, Woodrow Wilson, Sohn eines Pfarrers der aus dem Calvinismus sich entfaltenden Presbyterian Church, versuchte am 8. Januar 1918 den ersten Weltkrieg mit seinem 14-Punkte-Programm zu beenden. Dies beinhaltete die Grundzüge einer Friedensordnung und die Bildung eines Völkerbundes. Die Waffenstillstandsverhandlungen vom 8. bis 11. November 1918, die anschließenden Friedensverhandlungen und der Aufbau des Völkerbundes verdeutlichten enge Bezüge zu nahen Vorfahren des Autors mit einem davidischen, marianischen und anderweitig sakralen oder kulturellen Hintergrund und ermöglichten Rückschlüsse auf die Wurzeln der Verfassungsstaatlichkeit in den Vereinigten Staaten von Amerika und mehreren Staaten Europas, die sich aus den in der Neuzeit erkämpften religiösen Freiheiten entwickelten.

Nach dem Staatsputschversuch Adolf Hitlers am 21. Geburtstag Otto Schäfers am 8. November 1923, dem Deutschen Wandertag 1927 in Herborn genau 1400 Jahre nach der durch Inschriften belegten Gründung des St. Katharina Klosters auf der Halbinsel Sinai durch Kaiser Justinian I. und der Wahl Franklin D. Roosevelts an Schäfers 30. Geburtstag zum 32. Präsidenten der USA im Goethejahr 1932 formierte sich zunehmend die Opposition gegen Hitler unter Einbindung dieses Friedenswerks.[5]

---

[5]   Über die Mutterstammlinie von Otto Schäfer (Kunze) war auch Johann Wolfgang von Goethe mit der amerikanischen Unabhängigkeitserklärung von 1776 verknüpft. Sein Alterswerk „Wilhelm Meisters Wanderjahre" enthält erstaunlich viele Passagen, die mit dem Deutschen Wandertag in Herborn und der umrissenen Friedensethik (inbegriffen solche über das zeitgenössische Judentum und das Volk des ewigen Wanderns) kohärierten. (Vgl. Jochem Schäfer (2011), S. 10. u. 11.) Die Großmutter des Autors, Minna Schäfer (geb. Kunze), ist zusammen mit dem früheren Präsidenten der Reichsvertretung der

Es bildete sich ein engagierter Personenkreis mit überwiegend internationalen Kontakten einschließlich Schäfer und seinen Verwandten und Bekannten, der ab 1927/28 Auswanderungs- und Verfolgtenhilfe für die jüdische Bevölkerung und anschließend auch Widerstand gegen die zahlenmäßig immer stärker werdenden Nationalsozialisten bis zur Befreiung von Konzentrations- und Vernichtungslagern leistete. Diese Entwicklung wurde auch unterstützt durch die Bestimmung des bereits um 1600 in hebräischer Fassung vorliegenden Willhelmuslieds als niederländische Nationalhymne – ebenfalls im Jahr 1932. In seiner 8. Strophe setzt es den in Herborns Nachbarstadt Dillenburg geborenen niederländischen Freiheitshelden Wilhelm I. von Nassau-Oranien zum alttestamentarischen König David in unmittelbare Beziehung. Das 1936 von den Nationalsozialisten aus ideologischen und eroberungstaktischen Erwägungen umformulierte Händelsche Oratorium „Judas Makkabäus" in „Wilhelmus von Nassauen" mit einer Hommage an Wilhelm I. bewirkte, dass der Mythos von der Rettung des auserwählten biblischen Volkes vornehmlich in der Person des Vaters des Autors auflebte und den Widerstand weiter stählte. Am Tag der Uraufführung des Oratoriums marschierten deutsche Truppen in das entmilitarisierte Rheinland ein.

Mit ihrer Vermählung am Gründonnerstag, dem 9. April 1936, setzte das Ehepaar Schäfer-Pech sinnbildhaft ein humanes und sittliches Zeichen, das einige Monate nach den Nürnberger Gesetzen mit dem Blutschutzgesetz und dem Reichsbürgergesetz bis in den Völkerbund ausstrahlte und nachdrücklich auf die Würde des menschlichen Lebens hinwies. Martha Pech, die von

---

Deutschen Juden und der Weltunion für progressives Judentum, Leo Baeck, und einem Schiff auf Katalog und Plakat einer Ausstellung der Deutschen Bibliothek in Frankfurt am Main „Die jüdische Emigration aus Deutschland 1933-1941" (1985) abgebildet, die unter Mitwirkung des Leo Baeck Instituts, New York, zum 50. Jahrestag des Erlasses der Nürnberger Gesetze zustande kam und 1986/87 u.a. auch im Haus der Geschichte der Bundesrepublik in Bonn gezeigt wurde.

Hedwig Burgheim am Fröbel-Seminar in Gießen als Erzieherin ausgebildet wurde, hatte u.a. in Bad Kissingen Kinder einer jüdischen Familie Ehrlich und in Frankfurt am Main Kinder einer halbjüdischen Familie Oppenheimer erzogen. In ihrem Geburtsjahr hatte der Serologe Paul Ehrlich den Nobelpreis erhalten. Der Ehebund offenbarte auch Beziehungen zu den XI. Olympischen Sommerspielen vom 1. bis 16. August 1936 in Berlin, zur olympischen Idee und der Entzündung der olympischen Flamme am 20. Juli 1936 an dem Ursprungsort der antiken Spiele in Olympia.[6]

Diese Begebenheiten prägten in der Folge maßgeblich Verfolgtenhilfe, nationalsozialistischen Kult, das Weltkriegsgeschehen und den Widerstand gegen Hitler und seine Verbündeten. Zu nennen sind insbesondere folgende Fakten oder Ereignisse:

- Die Beziehungen zu nationalen und internationalen jüdischen Organisationen, dem Völkerbund und dem Intergovernmental Committee on Political Refugees bei der Emigration der jüdischen Bevölkerung

- das gesamte Spektrum des Widerstands[7]
  - Widerstand der Gewerkschaften und der parteipolitischen Arbeitervertretung
  - Kirchlicher Widerstand

---

6   Anlässlich des Auftakts des olympischen Fackellaufs in Griechenland fand am 20. Juli auf dem mit den 58 Bannern der Teilnehmernationen der Spiele geschmückten Vorplatz des Berliner Rathauses ein großer Festakt statt. Die propagandistisch von den Nationalsozialisten ausgeschlachtete Route des Fackellaufs führte von Griechenland über Bulgarien, Jugoslawien, Ungarn, Österreich und die Tschechoslowakei bis nach Deutschland und Berlin. Nach Entzündung des olympischen Feuers durch den letzten Fackelläufer im Olympiastadion eröffnete Adolf Hitler am 1. August die Spiele. (Vgl. Diethard Hensel (2007), S. 24, 33 u. 108).
7   Vgl. Jochem Schäfer (2011), S. 47-70.

- Widerstand von Naturfreunde-Organisationen und einigen Gruppierungen der Edelweißpiraten und der Roten Kapelle
- Bürgerlich-zivile und bürgerlich-konservative Widerstandskreise
- Widerstandsring „Die weiße Rose"
- Militärischer und ziviler Widerstand mit dem Umsturzversuch am 20. Juli 1944[8]
- Jüdischer Widerstand
- Widerstand im Exil
- Flucht- und Überlebenshilfe

● Sudetenkrise und Münchner Abkommen vom 29. September 1938

● Eröffnung der Ausstellungen „Der ewige Jude" und „Deutsche Größe", u.a. mit einer Pointierung Karls des Großen, am 8. November 1937 und am 8. November 1940 im Deutschen Museum in München

● Weisung 21 zum Russlandfeldzug vom 18. Dezember 1940 mit der anschließenden Angriffsoffensive (Operation Barbarossa) ab 22. Juli 1941 und der Absicht, auch die „jüdisch-bolschewistische Intelligenz" zu beseitigen

● Veranstaltungen im damals angenommenen 1200. Geburtsjahr Karls des Großen (1942), der in der Geschichtsschreibung meist als der erste Baumeister Europas angesehen wird

● Weltkriegskonferenzen der Alliierten in Casablanca, Québec, Kairo, Teheran, Jalta und Potsdam

● Feldzüge der Alliierten mit der Invasion am 8. November 1942 in Nordwestafrika und am 6. Juni 1944 an der Küste der Normandie in Frankreich

---

8 Zahlreiche Widerstandskämpfer wurden neun Jahre nach der Vermählung von Otto und Martha Schäfer und am Geburtstag von Martha nach dem gescheiterten Umsturzversuch im Jahr 1945 hingerichtet.

- Gründung und Aktivitäten des War Refugee Boards (WRB) am 22. Januar 1944 durch US-Präsident Roosevelt zur Rettung der tödlich bedrohten Menschen in und außerhalb von Konzentrations- und Vernichtungslagern

- Befreiung des Konzentrationslagers Buchenwald bei Weimar am 11. April 1945, genau 218 Jahre nach der Uraufführung der Matthäuspassion von Johann Sebastian Bach in der Thomaskirche in Leipzig. Mehrere Familienmitglieder des Autors waren an der Herstellung der Verbindung in das Konzentrationslager beteiligt.

- Trinity-Test der ersten Kernwaffenexplosion am 16. Juli 1945 im US-Bundestaat New Mexico mit Robert Oppenheimer

3. Das David-Sinnbild in der Nachkriegszeit und der Camp-David-Frieden

Die Gründung der Vereinten Nationen nach der Kapitulation des Deutschen Reischs am 26. Juni 1945 in der heutigen kalifornischen Metropole San Francisco, die sich aus einer Missionsstation San Francisco de Asis entwickelte, geht ebenfalls konform mit der dargestellten Friedensethik. Nach dem grausamsten Kapitel der Weltgeschichte mit annähernd 60 Millionen Toten, darunter sechs Millionen ermordeter Juden und 500.000 ermordeter Sinti und Roma, setzte man auch den europäischen Mythos Karls des Großen und, analog zum Ersten Weltkrieg, das mit Gerechtigkeitssinn und Menschlichkeit verbundene Sinnbild Davids und Marias für die Vergangenheitsbewältigung und Völkerversöhnung ein. So wurden beispielsweise die NATO genau 210 Jahre nach der Uraufführung des Händelschen Oratoriums „Israel in Egypt" am 4. April 1949 in Washington und die Europäische Wirtschaftsgemeinschaft (EWG) sowie die Europäische Atomgemeinschaft am 25. März 1957, einem marianischen Tag, auf dem Kapitol in Rom gegründet. Auch das Richtfest der Frankfurter Paulskirche am 8. November 1947, die mit den Grundrechten und dem deutschen Parlamentarismus untrennbar verbunden ist, stand in dieser Tradition und signalisierte den demokratischen Neuanfang.

Der Autor wurde ebenfalls mit seiner Geburt am 30. März 1948 in die davidische Friedensethik einbezogen. An diesem Tag begann in der kolumbianischen Hauptstadt Bogotá die IX. Panamerikanische Konferenz mit 21 Teilnehmerstaaten (einschließlich USA), die anschließend die Gründung der Organisation der Amerikanischen Staaten (OAS) in die Wege leitete. Der Menschenrechtspart der in Bogotá am 2. Mai 1948 verabschicdctcn „Amerikanischen Deklaration der Rechte und Pflichten des Menschen", der als Avantgarde des internationalen Menschenrechtsschutzes gilt, entspricht weitgehend der von der UN-

Generalversammlung am 10. Dezember 1948 verkündeten „Allgemeinen Erklärung der Menschenrechte".[9]
Bei zwei weiteren Ereignissen wurde der Tag der Geburt des Autors mit dem heute als wahrscheinlich angesehenen 1200. Geburtstag Karls des Großen (2. April 1948)[10] unmittelbar verknüpft. Vom 30. März bis 2. April 1948 tagte der dritte und zugleich abschließende Kongress der befreiten Juden in der amerikanischen Zone in Bad Reichenhall. In Anwesenheit von Vertretern der bayerischen Staatsregierung verkündete der europäische Direktor der Flüchtlingshilfsorganisation „American Jewish Joint Distribution Committee" (JOC), Joseph Schwartz, wenige Wochen vor der offiziellen Ausrufung des Staates Israel, dass finanzielle Mittel seiner Organisation nunmehr auch für die Verteidigung und Entwicklung des jüdischen Staates in Palästina bereitgestellt werden sollten.[11] Ebenfalls vom 30. März bis 2. April 1948 ging auf Einladung von Robert Oppenheimer eine der gewichtigsten Nachkriegskonferenzen auf dem Gebiet der Physik, die Pocono-Konferenz, in Pennsylvania vonstatten, auf der die neuesten Erkenntnisse aus der Quanten-Elektrodynamik und der Elementarteilchenphysik diskutiert wurden.[12] Oppenheimer, der 1927 bei Max Born in Göttingen über die Quantentheorie promoviert wurde, war auch an der Rettung deutscher Verwandter vor den Nationalsozialisten beteiligt. Da sich der Kalte Krieg zwischen den Großmächten Ende März 1948 bereits abzeichnete, sei auch vermerkt, dass der neue Botschafter der Sowjetunion in den USA, Anatoli F. Dobrynin,

---

[9] Vgl. 1. Menschenrechtszentrum der Universität Potsdam (2012),
      2. Thilo Rensmann (2007), S. 10 u. 11.
[10] Vgl. Matthias Becher (1992), S. 59 u. 60.
[11] Vgl. 1. Abraham S. Hyman (1948-49), S. 471.
      2. Jewish Virtual Library (2008).
[12] 1) Martha Pech wurde am 50. Geburtstag des Begründers der Quantenphysik, Max Planck, am 23. April 1908 in Münster/Westf. geboren.
     2) Vgl. 1. Christian Forstner (2007), S. 7.
        2. Karl von Meyenn (Hrsg.) (1993), S. LXIII.

US-Präsident John F. Kennedy am 30. März 1962 sein Beglaubigungsschreiben in Washington überreichte.[13]

Genau 18 Monate nach der Geburt des Autors formten die Chinesen bei der Konstitution der Volksrepublik den Übergang zu einem Weltbild der Erneuerung, das sich eng an die Himmelssphäre und die im ewigen Zyklus auf- und untergehende Sonne, den Mond und die Sterne anlehnte.[14]
Ausschlaggebend war dabei die bis in die Gegenwart geltende chinesische Auffassung über die Harmonie von Himmel, Erde und Mensch, die auch Mao bei der Staatsgründung im Hinblick auf die Einheit des Volks, die vereinte Abwehr der Konterrevolution und die Bezüge zur internationalen Versöhnungspolitik anerkannte. Dies äußerte sich am 30. September 1949 in der Deklaration zur Staatsgründung und in einem Inschriften-Entwurf Maos für das Obelisken-Denkmal auf dem Platz des Himmlischen Friedens, der in seiner Handschrift in vergoldeten Schriftzeichen aufgetragen wurde.[15] Die von den alten Ägyptern als Sonnensymbol verehrten Obelisken erinnern vor allem auch an die ägyptischen Pharaonen Echnaton und Nofretete in der 18. Dynastie, die mit ihrem revolutionären Sonnenkult zu einem bedeutenden Vorboten des Monotheismus und damit der zentralen Glaubensinhalte der Weltreligionen Christentum, Islam und Judentum wurden. Vier Jahre nach Gründung der Vereinten Nationen in San Francisco deutete sich im 2500. Geburtsjahr des Konfuzius und 200. Geburtsjahr Goethes bei der Staatsgründung somit auch ein enger Bezug zu Franziskus von Assisis Sonnengesang an.[16]

Diese Symbolik dürfte auch 1953 bei der Umbenennung des dienstlichen Präsidenten-Sommersitzes in Maryland durch US-Präsident Dwight D. Eisenhower in Camp David eine Rolle ge-

---

[13] Vgl. chroniknet, Tageseinträge für 30. März 1962.
[14] Vgl. Wolfgang Helck u. Wolfhardt Westendorf (Hrsg.) (1986), S. 1247.
[15] Vgl. Mao Tsetung (1977), S. 16-19.
[16] Vgl. Jochem Schäfer (2009), S. 26-35.

spielt haben. Sie verdeutlichte den friedenspolitischen Kurs der Vereinigten Staaten.

Ab Mitte der 70er Jahre löste der KSZE-Prozess maßgebliche Impulse für den demokratischen Wandel in Mittel- und Osteuropa aus. Drei Jahre nach Verabschiedung der KSZE-Schlussakte am 1. August 1975 in Helsinki, u.a. mit einem Mittelmeer-Paket, bot der Camp-David-Frieden zwischen Israel und Ägypten 1978/79 die Chance zur besseren Verständigung zwischen den Warschauer-Pakt-Staaten und der westlichen Welt. Nach der diplomatischen Anerkennung Israels durch die Bundesrepublik (1965) und dem israelisch-arabischen Sechstagekrieg (1967) hatten alle Ostblockstaaten bis auf Rumänien die Beziehungen zu Israel abgebrochen und die Kontakte zu den arabischen Ländern teils auch mit Waffenlieferungen verstärkt. Die Unterzeichnung des Friedensvertrags am 26. März 1979 durch den israelischen Ministerpräsidenten Menachem Begin, den ägyptischen Präsidenten Mohamed Anwar al-Sadat und den amerikanischen Präsidenten Jimmy E. Carter als Vermittler bildete nun eine günstige Gelegenheit zum versöhnlichen Neuanfang. Hergeleitet vom Festtag des am 30. März 805 zum ersten Bischof von Münster/Westf. geweihten Liudger, des Stifters des Paulus-Patroziniums des Doms, betonte der Tag des Friedensschlusses auch die große Bedeutung der Aussöhnung für die aufgekündigten Beziehungen zwischen den Ostblockstaaten und Israel und die Ost-West-Annäherung.[17] Eine Planung, die nach den ersten Kontaktaufnahmen einiger Ostblockstaaten mit Israel ab Mitte der 80er Jahre und dem weitgehend friedvollen Transformationsprozess auch aufging. Liudger war an der Gründung der Stadt Helmstedt beteiligt und ist in deren Stadtwappen abgebildet. Zusammen mit seinem Bruder Hildegrim, dem Bischof von Halberstadt, wirkte er missionarisch im Kerngebiet des wichtigsten Grenzübergangs an der innerdeutschen Grenze zur DDR und nach Westberlin mit dem Kontrollpunkt Helmstedt und der Übergangsstelle Marienborn in Sachsen-Anhalt.

---

[17] Vgl. Werner Freitag (1995), S. 95.

4. Das Kunst- und Kulturerbe auf dem Territorium der DDR und die friedliche Revolution

Im Jahr 1965 erinnerte eine Ausstellung des Europarats in Aachen an den am 29. Dezember 1165 (Davidtag) im Aachener Dom heilig gesprochenen Karl den Großen, der König David als Vorbild ansah und sich zuweilen auch mit seinem Namen ansprechen ließ. Im gleichen Jahr feierte man in Leipzig das 800-jährige Jubiläum von Stadtgründung und Messe und präsentierte sich als internationaler Ausstellungsstandort und als Stadt der Kunst und Kultur.[18] Im Messehaus fand die internationale Buchkunstausstellung und im Museum der bildenden Künste die Ausstellung „500 Jahre Kunst in Leipzig" statt. Der sechs Kilometer lange Festzug zog am Sonntag, dem 3. Oktober, durch die Innenstadt. Im Bereich Literatur und Musik wurden Johann Wolfgang von Goethe mit mehreren Publikationen, mit der Aufführung von Faust I. Teil bei der Eröffnung der Festtage der städtischen Theater und mit einer Universitätsrede über seine Lyrik anlässlich der Immatrikulation in Leipzig vor 200 Jahren (19. Oktober 1765), Johann Sebastian Bach mit einem Gewandhauskonzert am 24. Oktober 1965 (Tag der Vereinten Nationen) in der Thomaskirche und u.a. die Komponisten Robert Schumann, Felix Mendelssohn-Bartholdy und Richard Wagner mit Veröffentlichungen oder einer musikalischen Festveranstaltung besonders gewürdigt. Ein Ausschnitt des großen Kunst- und Kulturerbes auf dem Territorium der DDR, zu dem beispielsweise auch Georg Philipp Telemann, Heinrich Schütz, Kurt Weill, Friedrich Schiller, Gotthold Ephraim Lessing, Bertolt Brecht, Karl Friedrich Schinkel, Lukas Cranach d. Ä. und d. J., Max Beckmann, Alexander und Wilhelm von Humboldt, Gottfried Wilhelm Leibniz und Martin Luther gehören. Zusammen mit den Menschenrechten, dem Umwelt- und Naturschutz und den einschlägigen Ergebnissen der KSZE-

---

18 Vgl. Elfie Remboldt (2004), S. 221.

20

Nachfolgekonferenz in Wien vom 4. November 1986 bis zum 19. Januar 1989 inspirierte es im Jahr 1989 zu zahlreichen friedfertigen Aktivitäten mit Intentionen zur Öffnung der Berliner Mauer. Das am 6. Mai 1986 unterzeichnete Kulturabkommen zwischen der Bundesrepublik und DDR und die durchgeführten und geplanten Vorhaben der kulturellen Zusammenarbeit beeinflussten ebenfalls diesen Prozess. Die jahrelange Friedensarbeit von Kirchenvertretern, unabhängigen Gruppen und verantwortungsbewussten Bürgerrechtlern trug nun Früchte und stimulierte im 200. Jahr der Französischen Revolution die Bürgerproteste. Bereits am 30. März 1989 hatte die äußerst ungewöhnliche Schlagzeile „Hohe Offiziere der NVA und der Bundeswehr beendeten ihre Gespräche in Hamburg" in der DDR-Tageszeitung „Neues Deutschland" die Aufmerksamkeit der Leser erregt. Das Treffen der beiden gegnerischen Armeen nach Jahren des Affronts und Kalten Krieges und die Veröffentlichung im Zentralorgan der SED waren zu diesem Zeitpunkt eine echte Sensation. Sie signalisierte erstmals engagierte Bemühungen um beiderseitiges Einlenken und Deeskalation[19].

Die friedlichen Proteste hatten im Herbst 1989 in der ebenfalls seit 1165 bestehenden Leipziger Nikolaikirche einen zentralen Ausgangspunkt. Sie verliefen ab 9. Oktober 1989 gewaltfrei, nachdem sich in Leipzig und Dresden engagierte Bürger für einen von staatlichen Übergriffen verschonten Verlauf der Massendemonstrationen eingesetzt hatten. In Halles (Saale) Partnerstadt Karlsruhe wurde am gleichen Tag eine Händel-Gesellschaft gegründet.

Für die Maueröffnung visierte man den 9. November 1989 an, der als Jahrestag das unsagbare Verbrechen der Nationalsozialisten am Judentum auf besonders sarkastische Weise offenbart. Mehrere bedeutende Konzertereignisse wiesen dabei den Weg. Sie verbreiteten Menschlichkeit und Gerechtigkeitssinn und

---

19 Vgl. Wolfgang Scheler (2004), S. 52.

zeigten Bezüge zu der in der Nachkriegszeit angelegten Friedenssymbolik.

- Am 14. Juli 1989, dem 200. Jahrestag des Sturms auf die Bastille in Paris, wurde in der deutschen Staatsoper in Ost-Berlin und zeitgleich in den Opernhäusern von Karlsruhe und Essen die Oper von Siegfried Matthus „Graf Mirabeau" uraufgeführt. Gabriel de Riqueti, Comte de Mirabeau, der Protagonist, war im Todesjahr des Preußenkönigs Friedrich II. französischer Gesandter am preußischen Hof in Berlin, in den Anfangsjahren der Französischen Revolution Wortführer des Dritten Standes in der Nationalversammlung und 1791 deren Präsident. Zwischen Herborn und Pertuis/ Provence, in dessen Kanton sich der Familienstammsitz der Grafen von Mirabeau befindet, besteht seit dem 14. Juli 1968 eine lebhafte Städtepartnerschaft.

- Am 7. Oktober 1989, dem 40. Jahrestag der DDR, war die Premiere von Ludwig van Beethovens Oper „Fidelio" in der Semperoper in Dresden. Sie handelt von der Zivilcourage einer Frau, die den Machtmissbrauch des Gouverneurs der Staatsgefängnisse mit List und Tücke bekämpft und dadurch ihren unschuldigen, dem Tode geweihten Gatten aus dem Kerker befreien kann.[20] Seit ihrer ersten Aufführung im Jahr 1815 hatten hervorragende Darbietungen dieser Oper das Musikleben und die Stadtgeschichte Dresdens geprägt. Die Regisseurin Christine Mielitz gestaltete bei der Premiere das Bühnenbild des Gefängnishofs in Form eines Hochsicherheitstrakts mit einem Wachturm aus Beton, Beleuchtungseinrichtungen und Stacheldrahtumzäunungen, der die Zuschauer an die Unmenschlichkeit der deutsch-deutschen Grenze erinnerte. An dem Tag, an dem Tausende von Menschen auf den Straßen protestierten, riefen das

---

[20] Vgl. Kurt Pahlen (1995), S 47-51.

Bühnenbild und die Kostüme der Wachmannschaft allseits Bedrückung hervor.[21]

- Im Volkstheater von Halberstadt und in der Dresdner Staatsoperette wurde 1989 etliche Male die von den Ungarn Tibor Miklós (Libretto) sowie Gábor Kémeny und Tibor Kocsák (Musik) nach einem Roman von Stefan Heym konzipierte Rockoper „Der König David Bericht" aufgeführt. In Dresden geschah dies auch am 9. November 1989. Der deutsche Liedermacher Kurt Demmler hatte das Werk zuvor in eine prägnante deutsche Fassung umgeformt. Die Darbietung von Georg Friedrich Händels Oratorium „Judas Makkabäus" am 18. Mai 1989, dem Geburtstag des polnischen Papstes Johannes Paul II., im Dom der hessischen Stadt Wetzlar machte zudem latente westliche Aktivitäten im Hinblick auf eine zielgerichtete Öffnung der Berliner Mauer offenkundig. Am 9. November wird das von dem Befreiungskampf der Makkabäer gegen die Seleukidenherrscher im 2. Jahrhundert v. Chr. und dem jüdischen Chanukka-Fest hergeleitete Weihefest der Lateranbasilika, Kathedrale des Bistums Rom, gefeiert, die über Jahrhunderte die Bischofskirche der Päpste war.

Dass es am 9. November 1989 nicht nur zu einer von weitgehenden Einschränkungen befreiten Grenzöffnung, sondern zum vollständigen Fall der Berliner Mauer kam, ist den Massendemonstrationen zu verdanken, die sich auf der Grundlage dieser Planungen und der geschickten Vernetzung der Ereignisse entwickelten. Maßgeblich trugen dazu auch die Fluchtwelle und die Unterstützung der DDR-Flüchtlinge durch Ungarn, Polen und die Tschechoslowakei bei, insbesondere

---

[21] Vgl. 1. Semperoper Dresden (2011);
2. Ingrid Gerk (2012).

- die Zerschneidung des Eisernen Vorhangs zwischen Ungarn und Österreich am 2. Mai 1989 und in einer publikumswirksamen Symbolhandlung erneut am 27. Juni 1989 durch die Außenminister der beiden Länder

- die Öffnung der ungarisch-österreichischen Grenze ab 10./11. September 1989 für die Flüchtlinge

- die Ausreisegenehmigung für Botschaftsflüchtlinge aus Prag und Warschau am 30. September und 4. Oktober 1989

- die Ausreisemöglichkeit über das Territorium der Tschechoslowakei ab 3. November 1989.

5. Einige signifikante Ereignisse nach dem 9. November 1989

Nach dem Fall der Berliner Mauer beschloss die Übergangs-
regierung der DDR am Davidtag Ende Dezember 1989 den
völligen Mauer-Rückbau unter Einbeziehung von Grenzzäunen,
Signal- und Sperrzäunen und Sperrgraben. In Polen wurde an
diesem Tag eine grundlegende Verfassungsänderung verab-
schiedet und in der Tschechoslowakei der Dissident und füh-
rende Kopf der Bürgerbewegung, Václav Havel, vom alten
kommunistischen Parlament einstimmig zum Staatspräsidenten
gewählt.

Bemerkenswerte Vorkommnisse ereigneten sich auch um die
Jahrtausendwende:

- Im offiziellen Jahr 3000 Jerusalems (1996) trug die Fußball-
  Nationalmannschaft von Israel ein Freundschaftsspiel gegen
  eine Amateurauswahl in Herborn aus. Im gleichen Jahr be-
  siegelte die Stadt Köln ihre Städtepartnerschaft mit der im
  Osloer Friedensprozess palästinensisch gewordenen Stadt
  Bethlehem. Das olympische Feuer für die 26. Sommerspiele
  in Atlanta (Georgia, USA) wurde 60 Jahre nach den
  Olympischen Sommerspielen in Berlin am 30. März 1996 in
  Olympia entzündet.

- Die feierliche Eröffnung des Beitrittsprozesses zur Europäischen Union für zehn mittel- und osteuropäische Staaten
  und für Zypern fand am fünfzigsten Geburtstag des Autors
  im Außenministerrat in Brüssel statt.

- Am 29. September 2000 enthüllte die niederländische
  Königin Beatrix ein Denkmal Wilhelms I. von Nassau-
  Oranien in Dillenburg.

- Am 30. März 2009 eröffneten die Bundesministerin für
  Bildung und Forschung, Annette Schavan, und der chinesische Minister für Wissenschaft und Technologie, Prof. Dr.

Wan Gang, das Deutsch-Chinesische Jahr für Wissenschaft und Bildung 2009/10 mit einer Festveranstaltung in der Berliner Freien Universität.

Bundesaußenminister Hans-Dietrich Genscher und der
Autor Anfang der 1980er Jahre in Herborn

Otto und Martha Schäfer (auf der rechten Seite des Bildes)
mit Wanderkameraden auf dem Herborner Haus des
Westerwaldvereins in den 1930er Jahren

Unser letzter Wille. - IV 436/63 -

Wir, die Eheleute Modelleur Otto Schäfer und
Martha, geb. Reith in Herborn, Birkenstuhlstraße 4,
bestimmen als unseren letzten Willen wie folgt:

1.

Wir setzen uns gegenseitig zu Erben ein. Der Über-
lebende soll frei und unbeschränkt über den
gesamten Nachlaß verfügen können.

2.

Nach dem Tode des Zuletztversterbenden sollen unsere
Kinder: Bärbel Bachmann geb. Schäfer in Dillenburg
Doris Aßmann geb. Schäfer in Herborn
Helga Schäfer in Herborn
Jochen Schäfer in Herborn geb. 30.3.48 wohnhaft in
Herborn, zu gleichen Anteilen erben.

3.

Sollte einer unserer Kinder beim Tode des Erstversterbenden
den Pflichtteil verlangen, so soll er auch beim Tode des
Letztversterbenden nur den Pflichtteil erhalten.
Auf den Namen der Ehefrau Schäfer wird ein Lebens-
mittelgeschäft betrieben. Auch für dieses Geschäft
gilt die obige Regelung.

Herborn, den 3. Oktober 1963   Otto Schäfer

Vorstehendes Testament soll auch ... ...

Herborn, den 3. Oktober - 1963
Martha Schäfer, geb. Reith

Das Testament der Eltern des Autors vom 3. Oktober 1963

6. Literaturverzeichnis

Becher, Matthias (1992): Neue Überlegungen zum Geburtsdatum Karls des Großen, in: Francia, Forschungen zur westeuropäischen Geschichte, hrsg. v. Deutschen Historischen Institut Paris, Bd. 19/1, Jan Thorbecke, Sigmaringen, S. 37-60.

chroniknet: Tageseinträge für 30. März 1962, www.chroniknet.de/daly_de.O.html?year=2962kmonth=3&day=30, abgefragt am 12.10.2012.

Forstner, Christian (2007): Quantenmechanik im Kalten Krieg – David Bohm und Richard Feynman, Verlag für Geschichte der Naturwissenschaften und der Technik, Diepholz-Stuttgart-Berlin.

Freitag, Werner (1995): Heiliger Bischof und Moderne Zeiten. Die Verehrung des heiligen Ludger im Bistum Münster, Schriftenreihe zur religiösen Kultur, Bd. 4, Ardey, Münster.

Gerk, Ingrid (2012); Dresden / Semperoper: Fidelio, in: der neue Merker, http://www.der-neue-merker.eu/dresden-semperoper-fidelio, abgefragt am 17. Oktober 2012.

Goethe, Johann Wolfgang von (1992): Italienische Reise, hrsg. von Andreas Beyer u. Norbert Miller, Bd. 15, Carl Hanser, München.

Helck, Wolfgang u. Westendorf, Wolfhardt (Hrsg.) (1986): Lexikon der Ägyptologie, Bd. VI, Otto Harrassowitz, Wiesbaden.

Hensel, Diethard (2007): Erster olympischer Fackel-Staffel-Lauf. Deutschland 31. Juli 1936, Carl und Liselott Diem-Archiv, Olympische Forschungsstätte der Deutschen Sporthochschule Köln, Agon, Kassel.

Hyman, Abraham S. (1948-49): Displaced Persons, in: American Jewish Year Book, Ed.: American Jewish Committee, Philadelphia, S. 455-473,

Jewish Virtual Library (2008): The Central Committee of the Liberated Jews (1945-1950), a Division of the American-Israeli Cooperative Enterprise, Chevy Chase, Maryland, http://www.jewishvirtuallibrary.org/jsourcc/Holocaust/ccntralcomm.html, abgefragt am 26.11.2008.

Lange, Wolfgang (1989): Staatsoperette Dresden: „Der König David Bericht", in: Theater der Zeit. Zeitschrift für Politik und Theater, H. 8 (1989), Berlin, S. 54-55.

32

Menschenrechtszentrum der Universität Potsdam (2012): Stichwort: Das Inter-Amerikanische Menschenrechssystem, www.uni-potsdam.de/fileadmin/projects/mrz/assets/Stichworte /MRZ_Stichw_Inter_Amerik-MR-Sysgtem_neu1.pdf, abgefragt am 12.10.2012,

Meyenn, Karl von (Hrsg.) (1993): Wolfgang Pauli – Wissenschaftlicher Briefwechsel mit Bohr, Einstein, Heisenberg u.a., Bd. 3: 1940-1949, Springer, Berlin-Heidelberg.

Minerva Stiftung Gesellschaft für die Forschung m.b.H. (o.J.): Länderinformationen – Israel: Deutsche Kooperations-Programme, http://194.245.126.39/de/laenderinfo8550.htm, abgefragt am 10. Oktober 2012.

Pahlen, Kurt (1995): Pahlen Opernlexikon, 2. durchgeseh. Aufl., Wilhelm Heyne, München.

Remboldt, Elfie (2004): Städtische Musikkultur. Leipziger Bachfeste unter den Diktaturen, in: Kulturpolitik und Stadtkultur in Leipzig und Lyon (18. – 20. Jahrhundert), hrsg. v. Thomas Höpel u. Steffen Sammler, Leipziger Universitätsverlag, S. 201-229.

Rensmann, Thilo (2007): Wertordnung und Verfassung. Das Grundgesetz im Kontext grenzüberschreitender Konstitutionalisierung, Mohr Siebeck, Tübingen.

Schäfer, Jochem (2001): Der Peterzug: Dem Nationalfeiertag besonders verbunden – Der 3. Oktober als Tag der Deutschen Einheit, M.-G. Schmitz, Kelkheim; Books on Demand, Norderstedt.

Schäfer, Jochem (2004): Den Frieden sichern: Plädoyer für eine natur- und umweltfreundliche Zukunft, 2. Aufl., M.-G. Schmitz, Kelkheim; Books on Demand, Norderstedt.

Schäfer, Jochem (Juli 2004): Das internationale Nichtverbreitungsregime von Massenvernichtungswaffen im Wandel: Trinity, Hiroshima und Nagasaki als bleibendes zeitloses Fundament, M.-G. Schmitz, Kelkheim.

Schäfer, Jochem (April 2005): Eine weitsichtige Städtepartnerschaft zwischen Herborn und Pertuis: Die Grundrechte in der Europäischen Union, M.-G. Schmitz, Kelkheim.

Schäfer, Jochem (Dezember 2005): Aus heutiger Sicht: Musik und Politik im Dritten Reich – Die Familie Schäfer im Widerstand, M.-G. Schmitz, Kelkheim.

Schäfer, Jochem (2006): Der 3. Oktober ein weltweites Symbol für den friedlichen Dialog, M.-G. Schmitz, Kelkheim.

Schäfer, Jochem (Juli 2008): Europäische Perspektiven: Der 1989er Salzmarsch in Deutschland und Mittel- und Osteuropa und die zukunftsweisende Bürgerkommunikation in der EU, M.-G. Schmitz, Nordstrand/Nordsee; Books on Demand, Norderstedt.

Schäfer, Jochem (2009): Die Gedanken eines Komparsen: Die Volksrepublik China und ihre wachsende Bedeutung in der Welt, M.-G. Schmitz, Nordstrand/Nordsee; Books on Demand, Norderstedt.

Schäfer, Jochem (2010): Kulturelle und humane Anstöße der friedlichen Revolution in der DDR – in ureigener Wiedergabe unter Einschluss des Camp-David-Friedens, M.-G. Schmitz, Nordstrand/Nordsee; Books on Demand, Norderstedt.

Schäfer, Jochem (2011): Goethe und sein Alterswerk „Wilhelm Meisters Wanderjahre" im Lichte des Widerstands gegen den Nationalsozialismus – Der Deutsche Wandertag 1927 in Herborn und seine Folgen, M.-G. Schmitz, Nordstrand/Nordsee; Books on Demand, Norderstedt.

Scheler, Wolfgang (2004): Konfrontation oder gemeinsame Sicherheit, in: Gemeinsame Sicherheit – ein schwieriger Lernprozess, Prof. Dr. Rolf Lehmann zum 70. Geburtstag, Hrsg.: Dresdner Studiengemeinschaft Sicherheitspolitik e.V. (DSS), DSS-Arbeitspapiere: Heft 70, Dresden, S. 52-60.

Schneider, Elke (1989): Menschliche Integrität – unter welchen Opfern? – DDR-Erstaufführung der Rock-Oper „Der König David Bericht", in: Theater der Zeit, Zeitschrift für Politik und Theater, H. 4 (1989), Berlin, S. 43-46.

Semperoper Dresden (2011): Ludwig van Beethoven: Fidelio, Festaufführung zur Eröffnung des Großen Hauses der Staatstheater 1948, Semperoper Edition (Vol. 2), S. 76-78. www.eclassical.com/shop/17115/art38/4676538-31e077-booklet-PH10033.pdf, abgefragt am 17. Oktober 2012.

Tsetung, Mao (1977): Augewählte Werke, Bd. V, Verlag für Fremdsprachige Literatur, Peking.

Wilpert, Gero von (1998): Goethe-Lexikon, Alfred Kröner, Stuttgart.

Der Autor wirkte in den vergangenen Jahrzehnten bei maßgeblichen friedens- und umweltpolitischen Ereignissen und Entscheidungen mit. Herausragend waren der Camp-David-Frieden zwischen Ägypten und Israel, Stabilisierungsmaßnahmen im Süden Europas und die Öffnung der Berliner Mauer mit der deutschen Wiedervereinigung und der friedlichen Auflösung des Warschauer Pakts. In der zweiten Hälfte der siebziger Jahre war er u.a. im EG-Agrarministerrat, an der Ständigen Vertretung der Bundesrepublik und als Arbeitsgruppenvorsitzender des EG-Ministerrats während der deutschen Präsidentschaft 1978 in Brüssel tätig. In den Jahren 1989/90 beriet er eine Task Force unabhängiger Sachverständiger bei der EG-Kommission zum Binnenmarkt- und grenzüberschreitenden Umweltschutz und nahm an Tagungen des EG-Umweltministerrats teil. Enge Kontakte bestanden auch zum Europäischen Parlament. Einige Jahre war er Geschäftsführer der Hessischen Stiftung für Naturschutz und von 1981 bis 1985 Ausschussvorsitzender für Landwirtschaft und Umwelt im Kreistag des Lahn-Dillkreises und Bauausschussvorsitzender im Stadtparlament von Herborn. Gegenwärtig ist er stellvertretender Kreisvorsitzender der Europa-Union Frankfurt am Main e.V.

November 2012   Jochem Schäfer
                     Ministerialrat a.D.